Walther Ziegler

# Hobbes
en 60 minutes

traduit par
Brunot Rousselе

Merci à Rudolf Aichner pour son infatigable travail de rédaction critique, à Silke Ruthenberg pour la finesse de son graphisme, à Angela Schumitz, Lydia Pointvogl, Eva Amberger, Christiane Hüttner, Dr. Martin Engler pour leur relecture attentive ainsi qu'au Prof. Guntram Knapp pour m'avoir transmis la passion de la philosophie.

Mais on dira peut-être que cette guerre de tous contre tous n'a jamais existé. Mais quoi, Caïn n'a-t-il pas tué par envie son frère Abel [...] ? [1]

Informations bibliographiques de la Bibliothèque nationale de France :
Cette publication est référencée dans la bibliographie nationale de la Bibliothèque nationale de France. Les informations bibliographiques détaillées sont disponibles sur internet : www.bnf.fr

© 2021 Dr. Walther Ziegler
Première édition mars 2021
Conception graphique du contenu et de la couverture: Silke Ruthenberg avec des illustrations de:
Raphael Bräsecke, Creactive - Atelier de publicité, bande dessinée & d'illustrations (dessins)
© JackF - Fotolia.com (cadres)
© Valerie Potapova - Fotolia.com (cadres)
© Svetlana Gryankina - Fotolia.com (bulles entourant les citations)
Édition: BoD – Books on Demand, 12/14 rond-point des Champs Élysées, 75 008 Paris
Impression: BoD – Books on Demand, Norderstedt, Allemagne
ISBN : 978-2-3222-5706-5
Dépôt légal : septembre 2018

# Table des matières

**La grande découverte de Hobbes**     7

**La pensée centrale de Hobbes**     17

  « Homo homini lupus » – la nature de loup
de l'être humain     17

  La « guerre de tous contre tous »
à l'état de nature     26

  Le « droit naturel sur toutes choses » –
et pourquoi nous devons y renoncer     33

  Le contrat social –
la naissance du grand Léviathan     37

  L'État comme garant de la coexistence

**À quoi nous sert la découverte de Hobbes
aujourd'hui ?**     49

  Ce n'est pas notre nature, mais son
assujettissement qui permet la survie.
Hobbes a-t-il raison ?     49

  Le motif de « Sa Majesté des mouches » :
en l'absence d'État, retombons-nous dans
la barbarie ?     57

L'expérience de Stanford sur la prison :
comment gérons-nous le pouvoir quand
tout est permis ?                                           60

Le Léviathan extérieur et intérieur chez
Hobbes et Freud                                             64

Le Hobbes intemporel                                        67

**Index des citations**                                     73

# La grande découverte de Hobbes

Thomas Hobbes (1588-1679) est considéré comme le fondateur de la philosophie politique. Il est sans conteste l'un des penseurs majeurs du début des temps modernes. Sa théorie de l'État demeure aujourd'hui un élément essentiel de notre manière d'appréhender notre condition, et sa célèbre maxime est encore citée dans le monde entier :

L'homme est un loup pour l'homme. [2]

Alors que Hobbes a écrit cette phrase en 1651, soit il y a près de quatre cents ans, nous la connaissons encore aujourd'hui. De son vivant, elle suscita un émoi considérable et lui valut des critiques acerbes, en particulier de la part de l'Église. Tous ses écrits furent ainsi interdits pour hérésie.

Cela n'a rien d'étonnant, car il est l'un des premiers penseurs des temps modernes et s'oppose radicalement à l'image traditionnellement véhiculée du paradis, d'Adam et Eve et de la création de l'être humain à l'image de Dieu. Athéiste convaincu, Hobbes est aussi un chaud partisan des sciences naturelles, en plein développement à cette époque. D'un point de vue scientifique, l'univers n'émane nullement, selon Hobbes, d'un génial esprit divin, mais n'est au départ qu'une accumulation de corps physiques :

[...] *l'univers*, c'est-à-dire la totalité de toutes les choses qui sont [...], est corporel [...] ; il a des dimensions de grandeur, à savoir longueur, largeur, profondeur [...]. ³

Proposition dont Hobbes tire une conséquence radicale :

Et, puisque l'univers est tout, ce qui n'est pas une partie de lui n'est *rien* et donc ne se trouve *nulle* part. ⁴

De la même manière, Dieu, en tant qu'il n'est pas une partie corporelle de l'univers que l'on pourrait mesurer en termes de longueur, largeur et profondeur, est lui aussi « *rien et nulle part* ». Lorsqu'on lui demande comment il se représente Dieu, Hobbes répond qu'aucun être humain, même pas un théologien, n'est en mesure de se faire une quelconque idée de Dieu ou de ses propriétés. Selon lui, le temps est donc venu d'expliquer le monde, l'État et le but de la vie humaine de manière strictement scientifique, sans recours à Dieu. Hobbes contredit ainsi l'idée de la « grâce de Dieu » en vigueur au Moyen-Âge et tente de doter pour la première fois l'humanité d'une théorie logiquement compréhensible sur la meilleure façon de coexister au sein de l'État. À cette fin, il se propose d'abord d'identifier la nature de l'être humain :

[...] c'est-à-dire de comprendre correctement quelle est la nature humaine, par quels traits elle est apte ou inapte à former un État [...]. [5]

Sa conclusion, qui fera date dans l'histoire de la philosophie, est que la nature humaine est finalement inapte à former un État. En raison de sa nature de loup, les humains seraient incapables de coexister naturellement. Mais comment Hobbes en vient-il à formuler une conception si pessimiste ?

Hobbes est un enfant prodige. À l'âge de quatre ans, il sait déjà lire et écrire. À un âge avancé, à près de quatre-vingt-dix-ans, il traduit l'Iliade d'Homère en anglais. Il étudie à Oxford, maîtrise plusieurs langues, travaille comme secrétaire particulier pour Francis Bacon. Lors de ses voyages, il rencontre Descartes et Galilée. Ce dernier le fascine notamment avec sa théorie, révolutionnaire pour l'époque, selon laquelle tous les corps physiques, y compris les planètes, sont en perpétuel mouvement.

C'est ce qui va amener Hobbes à formuler sa pensée maîtresse. En effet, si Galilée a raison et que tous les corps physiques sont constamment en mouvement, si les planètes suivent des orbites et obéissent à des lois physiques déterminées, les humains devraient eux aussi, puisqu'ils sont des corps physiques, suivre des motivations et des lois du mouvement déterminées. Hobbes déchiffre ainsi l'origine de tout mouvement humain :

La grande découverte de Hobbes

Ces commencements ténus du mouvement, à l'intérieur du corps humain, [...] sont couramment appelés EFFORT. ⁶

Selon Hobbes, soit les humains aspirent à obtenir quelque chose, soit ils aspirent à être épargnés de quelque chose :

On dit aussi AIMER au sujet de ce que les humains désirent ; et HAÏR ces choses au sujet desquelles ils ont de l'aversion. ⁷

Sur le plan purement scientifique, la vie humaine n'est composée, selon Hobbes, que de deux mouvements : soit le mouvement du corps qui tend vers une chose, soit le mouvement qui l'éloigne d'une chose. Ce que nous aimons, ce à quoi nous aspirons, nous le recherchons ; ce que nous haïssons ou craignons, nous l'évitons. Ces deux mouvements desservent toutefois un seul et même but :

> Pour chacun, le premier des biens est de se conserver soi-même. Car la nature veut que chacun désire que tout aille bien pour soi. [8]

Pour Hobbes, les humains ont par nature le désir de continuer à vivre, et ils recherchent donc leur bien-être. Et comme ils veulent se l'assurer non seulement dans l'instant présent mais aussi pour l'avenir, et de préférence tout au long de leur vie, ils aspirent automatiquement à acquérir de la puissance. En effet, ils en ont besoin pour assurer leur conservation – par exemple pour défendre leur chasse gardée, leur récolte, leur habitation :

> C'est pourquoi je place au premier rang, à titre de penchant universel de tout le genre humain, un désir inquiet d'acquérir puissance après puissance, désir qui ne cesse seulement qu'à la mort. [9]

## La grande découverte de Hobbes

Cette pulsion anthropologique, c'est-à-dire inscrite dans l'essence même de l'être humain, d'acquérir de la puissance, n'est pas répréhensible sur le plan moral mais fait au contraire partie, tout comme la volonté de survie, des dispositions naturelles de l'être humain. Celui-ci n'a pas d'autre choix que d'augmenter sa puissance :

[...] la cause de cela [...] est qu'on ne peut garantir la puissance et les moyens de vivre bien [...] sans en acquérir plus. [10]

S'il n'existait pas de lois, règles ou règlements, les humains, nous dit Hobbes, laisseraient libre cours à leur nature et, pour assurer leur survie, voudraient augmenter constamment leur puissance. Il s'ensuivrait une lutte acharnée et violente pour les biens rares. Cet état dépourvu de lois, Hobbes le nomme « l'état de nature ». Selon lui, certains Indiens sauvages vivent toujours dans de telles régions sans lois, sans police ni juges. Ils s'attaquent les uns les autres et disposent, selon l'issue des combats, tantôt de plus de terres et chevaux, tantôt de moins. Mais les humains civilisés aussi, d'après Hobbes, retombent toujours dans l'état de nature dès que l'État n'est plus en mesure d'assurer l'ordre :

[...] je montre tout d'abord que la condition des hommes hors de la société civile (condition qu'il est permis d'appeler état de nature) n'est pas autre chose qu'une guerre de chacun contre chacun et qu'il existe, dans cette guerre, un droit de tous sur toutes choses. [11]

Puisque dans l'état de nature il n'existe encore aucune sorte de loi ou de règle, chacun a le droit naturel d'acquérir tout ce qu'il désire. Mais c'est précisément ces deux moments, la volonté naturelle de survie avec son aspiration de puissance et le droit naturel sur tout, qui engendrent une lutte permanente et dangereuse :

Si [...] vous ajoutez le droit de tous sur tout, qui fait que l'un attaque légitimement et l'autre résiste légitimement, [...]

## La grande découverte de Hobbes

> on ne peut nier que l'état naturel des hommes, avant qu'ils ne s'unissent en société, était une guerre ; non pas simplement une guerre, mais une guerre de chacun contre chacun. [12]

Avec cette thèse selon laquelle l'état de nature sans lois étatiques débouche sur une « guerre de tous contre tous », Hobbes a fait sensation par-delà les siècles. De par sa nature, l'être humain – c'est la pensée centrale de Hobbes – est en effet inapte à vivre pacifiquement en société avec les autres. Seule la création artificielle d'un État avec des lois, des policiers et des juges permet leur coexistence :

> C'est l'art [...] qui crée ce grand LÉVIATHAN, appelé RÉPUBLIQUE ou ÉTAT [...]. [13]

Pour Hobbes, l'établissement de la paix intérieure et extérieure sera donc la tâche primordiale, et aussi bien la seule justification de l'existence de l'État. Celui-ci devra être assez fort pour tenir en échec tous les individus et les groupes. C'est pourquoi Hobbes l'appelle le « Léviathan », en référence au monstre biblique éponyme qui, d'après l'Évangile, était plus fort et plus terrifiant que tout autre être vivant dans le monde.

Sa pensée centrale est révolutionnaire et provocante à la fois : ce ne sont pas nos pulsions ou instincts naturels qui garantissent la coexistence, mais leur inhibition et leur limitation par l'État. A-t-il raison ? Ne serions-nous dès lors pas, sur le plan anthropologique, des êtres en quête d'amour, dotés d'un sens social, altruistes, mais plutôt des champions de la survie et des égoïstes avides de pouvoir ?

Est-ce seulement le mince vernis de la civilisation qui nous protège contre notre nature de loup et contre la guerre de tous contre tous ? Et si oui, à quoi nous sert une telle réflexion ? Assurément, la pensée de Hobbes n'a rien perdu de son caractère provocant.

# La pensée centrale de Hobbes

## « Homo homini lupus » – la nature de loup de l'être humain

La phrase « *Homo homini lupus* », l'homme est un loup pour l'homme, est inséparable de Hobbes, même si elle ne vient pas directement de lui. Hobbes l'a puisée chez un écrivain relativement peu connu de l'Antiquité, Maccius Plautus, et l'a reprise sous une forme modifiée pour sa propre théorie. [14]

À première vue, cette phrase pourrait se comprendre comme suit : face à autrui, il faut rester constamment sur ses gardes parce qu'il est au fond de lui un prédateur, un concurrent affamé sans aucune retenue morale. Autrement dit, l'être humain est mauvais. Mais ce n'est que partiellement vrai. Pour Hobbes, il s'agissait en premier lieu de montrer comment les humains se comportent dans un espace totalement dépourvu de lois, lorsqu'il n'existe pas encore d'État, de civilisation et donc pas encore de règles de société pour établir ce qui est « bien » et « mal ».

Dans une société primitive anarchique et sans loi, il est uniquement question de survie pure et simple. L'être humain n'est pas mauvais : il ne peut tout simplement pas se comporter autrement, il doit faire tout ce qui est en son pouvoir pour assurer sa survie. Cette pulsion de conservation de soi est naturelle et n'est pas problématique tant que chacun recherche sa nourriture et la consomme. Mais la situation devient critique dès que deux individus ou groupes désirent le même objet, qu'ils réclament par exemple la même vallée fertile, les mêmes terres arables ou le même territoire de chasse. Il peut aussi y avoir querelle lorsqu'un individu habite dans une caverne à l'abri du vent et qu'un autre la convoite :

Et donc, si deux humains désirent la même chose, dont ils ne peuvent cependant jouir l'un et l'autre, ils deviennent ennemis [...]. 15

L'homme devient alors un loup pour l'homme. Pas parce qu'il serait moralement corrompu ou mauvais, mais parce que son instinct de conservation de soi et ses actes l'y forcent :

## La pensée centrale de Hobbes

> Les notions du bon et du mauvais, du juste et de l'injuste n'ont pas leur place ici. [16]

À l'état de nature, l'être humain fait tout simplement ce que sa nature lui dicte. Même s'il est difficile de se l'avouer :

> Il peut paraître étrange [...] que la nature dissocie ainsi les humains en les rendant capables de s'attaquer et de s'entre-tuer les uns les autres [...]. [17]

Pourtant, selon Hobbes, l'expérience nous enseigne qu'il en est bien ainsi. Il faut toutefois remarquer que la nature elle-même n'est nullement en faute. Nous ne pouvons pas lui reprocher d'être comme elle est :

> Pourtant, ni lui ni moi n'accusons ainsi la nature humaine. Les désirs et les autres passions humaines ne sont pas en eux-mêmes des péchés. Pas plus que ne le sont les actions [...] pour autant qu'il n'y a pas de loi faisant savoir qu'il est interdit de les accomplir. [18]

Comme il en est de la pesanteur et de la force centrifuge pour les planètes, la pulsion de conservation de soi est pour les humains la force fondamentale qui les maintient en mouvement tout au long de leur vie. Cela n'est toutefois pas seulement vrai à l'état de nature. Nous aussi, personnes « civilisées », voulons survivre, allons chez le médecin, achetons des vêtements chauds pour l'hiver, gagnons de l'argent, tentons d'habiter dans des conditions les plus confortables et saines possibles et assurons les portes de nos maisons contre le vol et les cambriolages. Mais à l'état civilisé, en régime étatique, la pulsion de conservation de soi s'accomplit dans le cadre de règles de propriété et d'échange établies. À l'état de nature, en revanche, il n'existe pas encore de supermarchés, de contrats de location ou de revenus réguliers. Les besoins des humains se heurtent les uns aux autres de manière totalement dérégulée et sans entrave :

> [...] si deux humains désirent la même chose [...], ils deviennent ennemis et, pour parvenir à [...] leur propre conservation [...], ils s'efforcent de s'éliminer ou de s'assujettir l'un l'autre. [19]

La concurrence pour les biens rares n'est toutefois pas la seule raison pour laquelle l'être humain, à l'état de nature, est voué à être un loup pour l'homme :

> En sorte qu'on trouve dans la nature humaine trois causes principales de conflit : premièrement, la compétition ; deuxièmement, la défiance ; troisièmement, la gloire. [20]

Par défiance, Hobbes entend le problème que l'être humain est doué de raison et qu'il essaie d'en tirer parti, ce que nous devons supposer d'autrui comme de nous-mêmes. Au fond, nous sommes obligés d'être constamment méfiants, car nous ne sommes pas seulement en compétition pour des objets qui assurent notre survie présente, tels que des denrées pour apaiser notre faim et notre soif du moment, mais aussi pour la garantie de pouvoir satisfaire des besoins futurs. Du fait de cette propriété, nous sommes plus impitoyables que n'importe quel animal prédateur :

[...] l'homme surpasse en rapacité et en cruauté les loups, les ours et les serpents parce qu'il est affamé même de la faim future. [21]

Lorsqu'ils ont assez bu et mangé, les animaux sont satisfaits et dorment. L'être humain, en revanche, reste tendu :

## La pensée centrale de Hobbes

> La cause en est que l'objet du désir d'un humain [...] est [...] de de ménager pour toujours la voie de son désir futur. Et donc, les [...] penchants de tous les humains ne visent pas seulement à procurer une vie heureuse, mais encore à la garantir. [22]

Pour assurer l'avenir, il faut disposer du pouvoir personnel de tenir tous les ennemis en échec et de les dominer :

> Par conséquent, une telle augmentation du pouvoir sur les gens étant nécessaire à la conservation de soi, il faut qu'elle soit permise. [23]

La deuxième cause de conflit est donc la compétition et l'augmentation de pouvoir qu'elle implique. Enfin, la troisième cause de conflit à l'état de nature est la gloire, c'est-à-dire la lutte pour le prestige et l'honneur. Elle est la seule à ne pas servir directement à la survie. Hobbes la mentionne néanmoins, car elle est profondément ancrée dans la nature humaine. Nietzsche désignait lui aussi la vanité comme une infirmité telle de l'homme qu'un remède ne pourrait jamais lui être trouvé. En ce qui concerne l'honneur et la gloire, les êtres humains entrent même en conflit

> [...] pour des détails, comme un mot, un sourire, une opinion différente et tout autre signe qui les sous-estime [...]. 24

Outre ces trois causes de conflit – la compétition, la défiance et la gloire – il y a chez Hobbes, à l'état de nature, une raison structurelle encore plus générale pour laquelle l'homme est un loup pour l'homme. Il s'agit de l'égalité naturelle concernant nos forces physiques et mentales. Comme tous les humains disposent des mêmes aptitudes, ils estiment tous avoir une chance de pouvoir imposer leurs besoins par la force. Hobbes sait bien que les humains diffèrent parfois en taille et en force, mais ces petites différences n'importent guère à l'état de nature :

> En effet, en ce qui concerne la force du corps, le plus faible a assez de force pour tuer le plus fort, soit par une manœuvre secrète, soit en s'alliant à d'autres [...]. [25]

Pour Hobbes, l'égalité est encore plus grande dans le domaine des capacités mentales. Certains ont certes plus d'éloquence ou d'esprit que d'autres, mais tous sont pareillement doués de raison. Pour démontrer la répartition juste et l'égalité des forces mentales parmi les humains, Hobbes avance une preuve pour le moins originale. Personne, selon Hobbes, ne serait jamais plaint d'être doté par nature de capacités mentales inférieures :

> [...]il n'existe pas d'ordinaire de meilleur signe d'égalité dans la distribution de quelque chose que le fait que chacun soit satisfait de sa part. [26]

Si la répartition égale des aptitudes physiques et mentales peut sembler réjouissante à première vue, elle constitue néanmoins, à l'état de nature, une source supplémentaire de conflit et d'animosité :

Cette égalité des aptitudes engendre l'égalité dans l'espérance que nous avons de parvenir à nos fins. [27]

## La « guerre de tous contre tous » à l'état de nature

Pour Hobbes, il s'ensuit inéluctablement une « guerre de tous contre tous ». La compétition pour la nourriture et pour une couche sûre ne peut être éliminée, pas plus que la défense de chacun contre les attaques actuelles et futures. La propension naturelle à augmenter sa puissance et la quête innée de gloire font en sorte que nous ne nous arrêtons jamais, même lorsque nous avons peu ou prou assuré notre survie actuelle et future :

La pensée centrale de Hobbes

> Par cela il est manifeste que pendant ce temps où les humains vivent sans qu'une puissance commune ne leur impose à tous un respect mêlé d'effroi, leur condition est ce qu'on appelle la guerre ; et celle-ci est telle qu'elle est une guerre de chacun contre chacun. [28]

Même si un individu parvenait avec beaucoup de chance à s'arroger par la puissance, la ruse ou une force physique supérieure une caverne isolée ou un espace clôturé doté d'un terrain fertile, il ne pourrait en profiter que peu de temps :

> C'est pour cela que [...] si l'un plante, sème, bâtit ou possède un lieu qui lui convient, il est probable que d'autres peuvent surgir, ayant uni leurs forces, pour le déposséder et le priver non seulement des fruits de son travail, mais aussi de sa vie et de sa liberté. [29]

Il n'est donc pas possible d'échapper à l'état de guerre tant qu'il n'y a pas de juges, de policiers et de prisons qui limitent la pleine satisfaction des besoins naturels et des passions :

> Dans une telle situation, il n'y a de place pour aucune entreprise parce que le bénéfice est incertain, et, par conséquent, il n'y a pas d'agriculture, pas de navigation, [...] ni arts ni lettres [...] et, ce qui est pire que tout, il règne une peur permanente, un danger de mort violente. 30

À propos de l'existence à l'état de nature, Hobbes dresse un bilan limpide et tranché :

> La vie humaine est solitaire, misérable, dangereuse, animale et brève. 31

Ses contemporains déjà reprochaient à Hobbes de donner une image bien trop négative de l'être humain, avec sa « nature de loup », cette « guerre de tous contre tous » et sa « vie courte et misérable » marquée par les attaques réciproques. Car, rétorquaient-ils, l'homme n'est-il pas tout aussi bien un être social ? La philosophie antique avait par exemple une vision bien plus positive de la nature humaine. Aristote notait : « anthropos zoon politikon physei estin », « l'homme [est] par nature un animal politique ». [32]

D'après cette conception, l'être humain n'a pas une nature de loup, mais une nature sociale et se réalise tout naturellement dans la communauté avec d'autres humains. Selon Aristote, les humains vivent depuis toujours en groupes et sont par nature, tout comme les animaux grégaires, des êtres pacifiques.

Hobbes contredit Aristote au plus haut point. S'il est vrai, affirme-t-il, que les populations d'abeilles ou de fourmis constituent naturellement une société, il n'en va pas de même pour les humains :

> Il est vrai que certaines créatures vivantes, telles que les abeilles ou les fourmis, vivent socialement les unes avec les autres [...].

> [...] parmi elles, il n'y a pas de différence entre le bien commun et le bien privé [...]. Mais un humain, qui prend plaisir à se comparer aux autres, n'a de goût que pour ce qui le distingue d'eux. 33

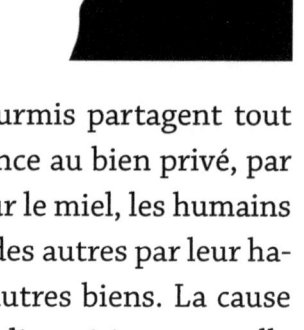

Alors que les abeilles et les fourmis partagent tout et n'accordent aucune importance au bien privé, par exemple à la propriété privée sur le miel, les humains veulent toujours se distinguer des autres par leur habillement, leur logement et d'autres biens. La cause réside, pour Hobbes, dans la disposition naturelle des humains, en particulier leur aptitude à la parole :

> [...] ces créatures, bien qu'elles aient quelque usage de la voix pour faire connaître les unes aux autres leurs désirs [...], sont pourtant privées de cet art des mots grâce auquel certains humains peuvent

présenter aux autres ce qu'est le bien sous l'apparence du mal et le mal sous l'apparence du bien [...]. [34]

La parole est donc, chez les humains, à la différence des animaux, un outil dangereux. Les humains peuvent complimenter, insulter, mentir, répandre des rumeurs ou froisser mutuellement leur vanité. Outre la parole, la raison constitue une deuxième différence problématique. Alors que l'homme ne cesse de se faire du souci pour l'avenir par l'entremise de sa raison, les animaux peuvent s'épanouir totalement dans le présent :

[...] en sorte que, aussi longtemps qu'elles sont à leur aise, elles ne sont pas menacées par leurs pareilles ; alors que là où quelqu'un cause le plus d'ennui, c'est quand, jouissant tout à fait de ses aises [...]. [35]

Du fait de ces différences et de quelques autres, Hobbes tire la conclusion suivante concernant la coexistence des animaux :

> [...] l'assentiment de ces créatures est naturel, celui des humains résulte seulement d'une convention, ce qui est artificiel [...]. [36]

C'est ici que Hobbes formule pour la première fois de manière claire et affirmée sa thèse centrale provocante. Alors que, dans l'État des abeilles, la coexistence pacifique est l'œuvre de la nature, les humains ont besoin d'un artifice pour y parvenir. Et cet artifice, c'est l'État, qui protège les individus les uns des autres :

> C'est l'art [...] qui crée ce grand LÉVIATHAN, appelé RÉPUBLIQUE ou ÉTAT [...]. [37]

Tandis que les animaux peuvent se fier à leur nature, les humains doivent se méfier de leur propre nature. Car pour Hobbes, ce qui assure notre survie, ce ne sont pas nos pulsions primaires, mais le fait de les briser, de les opprimer, de les inhiber.

## *Le « droit naturel sur toutes choses » – et pourquoi nous devons y renoncer*

À l'état de nature, l'être humain est encore entièrement libre et jouit du droit naturel illimité sur toutes choses qui lui paraissent désirables :

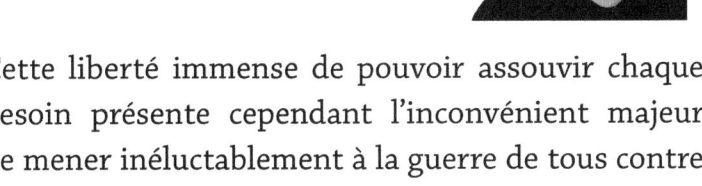

La nature a donné à chacun un droit sur toutes choses : c'est-à-dire qu'à l'état de pure nature, [...] il est permis à tous de tout avoir et de tout faire. [38]

Cette liberté immense de pouvoir assouvir chaque besoin présente cependant l'inconvénient majeur de mener inéluctablement à la guerre de tous contre tous. Le prix à payer est donc très élevé. C'est pourquoi il exite déjà à l'état de nature toute une série de « lois de nature » qui nous incitent à maintenir la paix et à ne pas nous écorcher sans cesse. L'une de ces « lois de nature » qui nous paraissent raisonnables est la suivante :

(...) chercher la paix et la maintenir. [39]

Cet impératif peut en effet être très utile. Il s'impose pour ainsi dire aux humains à l'état de nature dans la mesure où ceux-ci éprouvent au quotidien à quel point l'état de guerre permanent est éreintant. Une deuxième loi naturelle dit :

Quod tibi fieri non vis, alteri ne feceris. (Ce que tu ne veux pas qu'on te fasse, ne le fais pas à autrui). [40]

Cette « loi de nature » tombe elle aussi sous le sens puisqu'elle permettrait à toutes les parties prenantes

La pensée centrale de Hobbes

– pour autant qu'elles s'y tiennent – de vivre une vie meilleure. En effet, dès le moment où plus personne ne fait à autrui ce qu'il ne voudrait pas subir, par exemple être martyrisé, volé ou dépouillé, la vie serait sans nul doute plus agréable. Les humains disposent donc bien, à l'état de nature, de premières idées naturelles pour une meilleure coexistence. Le problème est tout bonnement que ces « lois de nature » ne sont pas vraiment des lois contraignantes auxquelles tout le monde est obligé de se tenir :

Ces ordres de la raison, on a l'habitude de les appeler des lois, mais improprement. Car ils ne sont que des conclusions ou des théorèmes [...]. [41]

En cas de doute, ces conclusions et théorèmes n'ont aucune force contraignante. Pour cela il faudrait, selon Hobbes, une puissance contraignante, avec des juges et des policiers qui assurent leur respect et leur exécution :

> En effet, sans la terreur d'une puissance quelconque, qui est cause de ce qu'elles sont observées, les lois de nature
>
> (*justice, équité, humilité* [...] et, en somme, *faire aux autres ce que nous voudrions qui nous fût fait*) sont, par elles-mêmes, contraires aux passions naturelles [...]. [42]

Conclusion : le droit naturel sur toutes choses et l'assouvissement de toutes les passions et désirs signifient certes la liberté absolue et donc illimitée de l'individu. Mais cette liberté absolue est achetée au prix d'une peur permanente de mourir et est donc ressentie comme éminemment menaçante. C'est pourquoi les humains disposent, à l'état de nature, de premières idées pour des impératifs qui endiguent la lutte. Mais il s'agit seulement d'idées, autrement dit ce ne sont que des mots :

La pensée centrale de Hobbes

[...] ne sont que des mots, et sont sans force aucune pour mettre qui que ce soit en sécurité. 43

Il n'y a de sécurité véritable qu'à partir du moment où les mots deviennent lois. C'est précisément ce qui se produit lors de la création de l'État.

## Le contrat social – la naissance du grand Léviathan

Cet acte originel de création de l'État, avec le renoncement à la liberté absolue, Hobbes le décrit de manière impressionnante dans le passage suivant du *Léviathan* :

[...] il s'agit d'une unité réelle de tous [...] comme si chaque individu devait dire à tout individu : *j'autorise cet*

37

> homme ou cette assemblée d'hommes, et je lui abandonne mon droit de me gouverner moi-même, à cette condition que tu lui abandonnes ton droit et autorises toutes ses actions de la même manière. Cela fait, la multitude, ainsi unie en une personne une, est appelée un ÉTAT [...] . 44

Dès lors que chaque individu renonce à son droit naturel sur toutes choses et à l'exercice arbitraire de la puissance, les humains peuvent créer un état artificiel. Celui-ci bride leur nature de loup et engendre la paix. Hobbes s'engoue littéralement face à ce transfert solennel de puissance :

> Telle est la génération de ce grand LEVIATHAN, [...] de ce *dieu mortel*, auquel nous devons [...] notre paix et notre défense. 45

La pensée centrale de Hobbes

À la guerre de tous contre tous fait place une coexistence régulée. L'accord mutuel de renoncer au « droit naturel sur toutes choses » est, d'un point de vue purement pragmatique, tout à fait raisonnable et judicieux. Pourtant, si l'on garde à l'esprit l'hypothèse anthropologique de Hobbes, on peut se demander s'il n'y a pas là une contradiction interne. Pourquoi les humains, par nature égoïstes et en quête de puissance, devraient-ils tout à coup convenir raisonnablement de céder leur puissance ? Hobbes se pose cette question et y répond de la manière suivante :

La cause finale, fin ou but des humains (lesquels aiment naturellement la liberté et avoir de l'autorité sur les autres) en s'imposant à eux-mêmes cette restriction (par laquelle on les voit vivre dans des États) est la prévoyance de ce qui assure leur propre préservation [...] ; autrement dit de sortir de ce misérable état de guerre [...]. ⁴⁶

39

Hobbes reste donc essentiellement fidèle à son argumentation. L'humain est mû au premier plan par sa volonté de préservation et de puissance ; la conclusion du contrat social et la création de l'État ne sont pas non plus des actes dictés par la raison, mais découlent de cette volonté de préservation, ou plus exactement de la peur de la mort :

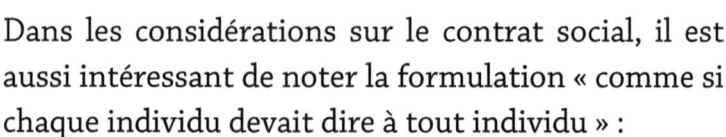

Les passions qui poussent les humains à la paix sont la peur de la mort, le désir des choses nécessaires à une existence confortable [...]. La raison suggère les articles de paix adéquats [...]. 47

Dans les considérations sur le contrat social, il est aussi intéressant de noter la formulation « comme si chaque individu devait dire à tout individu » :

[...] il s'agit d'une unité réelle de tous [...] comme si chaque individu devait dire à tout individu :

## La pensée centrale de Hobbes

> [...] j'abandonne mon droit de me gouverner moi-même, à cette condition que tu [...] abandonnes ton droit [...] de la même manière. [48]

En s'exprimant au conditionnel, Hobbes suggère que le contrat n'a peut-être jamais été formulé et conclu de cette manière et qu'il ne le sera peut-être jamais à l'avenir. Cependant, un tel contrat serait la seule justification logique de la légitimité de l'État. C'est pourquoi les spécialistes de Hobbes parlent d'un « contrat hypothétique ». Hobbes lui-même concède que le contrat social et l'état de nature qu'il décrit n'ont jamais existé partout sur terre :

> Incidemment, on peut penser qu'il n'y eut jamais un temps comme celui-ci, non plus qu'un semblable état de guerre. Et je crois que, de façon

> générale, il n'en a jamais été ainsi à travers le monde, mais qu'il y a beaucoup d'endroits où l'on vit ainsi. [49]

Si Hobbes signale ici que le droit sur toutes choses existe toujours dans certaines régions non civilisées où des groupes, par exemple diverses tribus d'indiens, se livrent la guerre dans une sorte d'état de nature, ce n'est pas ce qui lui importe au premier plan. Il y va pour lui davantage de la cohérence de son argumentaire : les humains quittent l'état de nature en convenant par contrat qu'ils renoncent désormais au droit naturel sur toutes choses, à la justice basée sur l'arbitraire et le lynchage, et ne poursuivent plus leurs intérêts sans égard pour autrui, mais s'en tiennent aux lois de l'autorité détentrice du pouvoir.

La tâche principale de cette autorité détentrice du pouvoir et sa seule légitimation consisteront dès lors en toute logique à assurer la coexistence pacifique afin que chaque citoyen puisse réaliser ses propres idées du bonheur et ses intérêts. Cette figure argumentative ou conception de l'État de 1651 correspond déjà sur le fond à notre conception moderne de l'État de droit organisé selon l'économie de marché, qui permet à ses citoyens de s'épanouir librement dans les limites fixées par la loi.

## L'État comme garant de la coexistence

Seul l'État, avec son monopole du pouvoir omniprésent, est à même d'assurer une coexistence pacifique et des « lendemains qui chantent ». Sur la page de couverture de son Léviathan, Hobbes nous en livre dès 1651 une image qui fascine encore aujourd'hui.

On y voit le souverain, une épée dans la main droite et une crosse d'évêque dans la main gauche. Il détient donc symboliquement à la fois le pouvoir séculier et religieux. Nulle part ne figurent chefs d'armée, nobles ou évêques. En effet, personne ne dispose d'une puissance quelque peu comparable. En haut de l'image, au-dessus de la couronne, on peut lire en italique :

> Non est potestas *Super Terram quae Comparetur ei*. – (Il n'est pas de puissance sur terre qui lui soit comparable). [50]

Pour Hobbes, il s'agit là d'un aspect primordial. En effet, dès lors que certains citoyens ou groupes – la mafia, des zélateurs religieux, des partis de guerre civile – exercent eux-mêmes du pouvoir ou ont plus d'influence que le souverain, celui-ci ne pourra plus garantir le respect des lois et la sécurité des citoyens. Ceux-ci devront alors se défendre de nouveau eux-mêmes et ne seront plus liés au contrat de l'État :

Si le souverain veut protéger durablement les sujets, il doit disposer du monopole absolu du pouvoir. C'est pourquoi Hobbes a représenté le souverain comme un personnage masculin gigantesque qui surplombe champs, montagnes et villes. Une sorte de cotte de mailles ou de carapace articulée semble le protéger contre les attaques. Mais à y regarder de plus près, on s'aperçoit qu'il ne s'agit nullement des pièces forgées d'une cotte de mailles, mais d'une foule de petits individus qui sont tous tournés vers la tête du souverain.

Par là, Hobbes veut montrer que les citoyens eux-mêmes forment le corps de l'État du fait qu'ils s'unissent par contrat et génèrent ainsi tous ensemble le monarque. En revanche, la tête du monarque n'est plus remplie de citoyens. Elle reste libre, car le souverain, une fois en place, doit pouvoir se tenir au-dessus de tous les citoyens et groupements particuliers et faire des lois justes indépendamment de toute influence.

Cependant, l'image montre en même temps l'orientation unilatérale des citoyens vers le centre du pouvoir et donc l'asymétrie entre dominant et dominés. De fait, Hobbes décrit les droits du dominant, à la différence des droits des citoyens, de manière extrêmement partiale :

La pensée centrale de Hobbes

Et si cette souveraineté est véritablement et effectivement transférée, l'État, ou la république, est une monarchie absolue, dans laquelle le monarque est libre de disposer aussi bien de la succession que de la possession, et ce n'est pas une monarchie élective. [52]

En matière de législation aussi, le souverain a carte blanche :

Et l'État seulement prescrit et commande d'observer ces règles que nous appelons la loi [...]. Mais l'État n'est pas une personne et n'a pas non plus la capacité de faire quoi que ce soit, sauf par le représentant (qui est le souverain) ; et donc le souverain est le seul législateur. [...] nul ne peut abroger une loi faite, sauf le souverain [...]. [53]

Les citoyens ne peuvent abolir ou modifier les lois. Ils n'ont aucune influence sur la législation. Le souverain, par contre, conserve toute liberté :

> Le souverain d'un État [...] n'est pas sujet aux lois civiles. [54]

Hobbes était déjà critiqué par les esprits éclairés de son temps parce que, dans sa conception de l'État, il livrait entièrement le peuple au souverain. Le peuple ne pouvait le détrôner, même si le monarque régnait piteusement. Hobbes répond à ce reproche et essaie de le réfuter :

> Et, bien qu'une pareille puissance illimitée puisse susciter l'illusion de quantité de conséquences néfastes, néanmoins, les conséquences de son absence, qui sont la guerre perpétuelle de chacun contre tous, sont pires encore. [55]

# À quoi nous sert la découverte de Hobbes aujourd'hui ?

## Ce n'est pas notre nature, mais son assujettissement qui permet la survie. Hobbes a-t-il raison ?

En quoi Hobbes peut-il nous être encore utile aujourd'hui ? Sa vision de l'État absolu est peu séduisante et, à vrai dire, tout à fait inacceptable pour nous. Dans le projet d'État hobbesien, les citoyens n'ont pas la moindre possibilité de se protéger contre d'éventuelles exactions de l'État. Le souverain jouit d'une durée de mandat illimitée et ne peut être démis de ses fonctions. Chez Hobbes, il n'existe pas non plus de juges indépendants, ni par exemple de cour constitutionnelle qui permettrait de porter plainte si le gouvernement outrepassait ses pouvoirs ou ne respectait pas la Constitution. Inquiet que l'État puisse perdre l'autorité nécessaire pour assurer la paix, Hobbes a sans aucun doute esquissé un souverain bien trop puissant – un « Léviathan », un monstre.

Dans une perspective actuelle, Hobbes pèche donc bien par excès de zèle.

Qu'en est-il cependant de la pensée qui sous-tend cette conception ? Les humains deviennent-ils, en l'absence de lois, de normes et d'institutions, un risque pour la survie de leurs semblables ? Avons-nous besoin de l'État pour organiser notre coexistence et nous protéger les uns des autres ? Et retombons-nous vraiment dans l'état de nature et la « guerre de tous contre tous » dès que l'État perd son autorité ?

Autant de questions auxquelles il est difficile de répondre empiriquement. À titre de preuve, Hobbes fait valoir la situation chaotique qui prévaut dans les guerres civiles :

> [...] on peut se faire une idée de ce qu'est le genre de vie là où n'existe aucune puissance commune à craindre, par le genre de vie dans lequel sombrent, lors d'une guerre civile, ceux qui vivaient précédemment sous un gouvernement pacifique. [56]

Hobbes était sous le coup des conditions désastreuses, pillages et exactions qui sévissaient pendant la guerre de Trente Ans et la guerre civile anglaise :

> Car la racine [...] de tout malheur [...] est la guerre, principalement la guerre civile ; qui engendre le meurtre, la désolation et le manque de toutes choses. [57]

On trouve dans l'histoire sans aucun doute bien d'autres exemples de périodes sombres où il n'existait pas de puissance étatique qui assurait l'ordre, pas de « Léviathan » pour refréner la nature de loup des êtres humains. Au temps des croisades, des chevaliers ont incendié des villes entières, loin de leur terre natale. Pendant les guerres mondiales, des soldats ont profité des troubles de la guerre pour commettre viols et pillages. Même s'il s'agissait de cas isolés, ou du moins pas de la majorité des croisés et soldats, les zones de non-droit dans lesquelles les individus n'encourent aucune peine favorisent manifestement le vol, la prédation et l'abus. Hobbes l'exprime de manière encore plus radicale :

> [...] sans la terreur d'une puissance quelconque, qui est cause de ce qu'elles sont observées, les lois de nature (*justice, équité, humilité, clémence* [...]) sont, par elles-mêmes, contraires aux passions naturelles [...]. [58]

Le compte-rendu de la police sur la grande panne de courant de New York montre à quels excès les humains sont capables lorsque la puissance contraignante n'est plus présente.

Le 13 juillet 1977 à 21h36, toutes les lumières s'éteignent dans la métropole new-yorkaise. Pendant 25 heures, feux de signalisation, climatiseurs, ascenseurs, trains de banlieue, métros, hôpitaux restent hors tension. Neuf millions de personnes sont plongées dans l'obscurité. Les conséquences ressemblent de manière surprenante à l'état de nature décrit par Hobbes.

Hordes en maraude, voleurs et criminels occasionnels pillent plus de 1600 commerces et provoquent plus de 1000 incendies. Au cours de la nuit, des dizaines de milliers de personnes partent à la chasse au butin. Une débauche de violence s'empare de toute la ville. Le maire de New York décrète l'état d'urgence et mobilise tout ce que la puissance de l'ordre ou, si l'on veut, le « Léviathan », compte encore pour assurer le maintien de la sécurité. 8000 policiers sont envoyés dans les rues saccagées et arrêtent 3776 personnes, mais les prisons sont vite encombrées et ne peuvent plus admettre de nouveaux détenus. 463 policiers sont blessés, en partie grièvement, deux personnes perdent la vie dans des bâtiments en feu. La police est débordée et doit finalement assister impuissante au chaos qui s'abat sur la ville. Un journaliste décrit la suite des événements comme suit :

« C'est Noël ! », hurlaient les pilleurs. Ils arrivaient avec des brouettes, des chariots et des camionnettes. Hommes, mères, adolescents s'emparaient de tout ce qu'ils pouvaient : téléviseurs, frigidaires, fours, denrées alimentaires, couches-culottes, bijoux, alcools, meubles, médicaments. Même les enfants [...] étaient pris par la fièvre de la rapine [...]. Des propriétaires de magasins se munirent de pistolets, de fusils et de battes de baseball pour défendre leurs moyens de subsistance. Dans le Bronx, les maraudeurs volèrent cinquante voitures pour une valeur totale de 250 000 dollars. Non loin de là, un magasin de meubles perdit des marchandises pour un montant de 55 000 dollars. À Bedford-Stuyvesant, les agents arrêtèrent un homme qui emportait 300 bouchons d'évier [...]. De nombreux pilleurs furent eux-mêmes agressés en rentrant chez eux. « C'est la nuit des bêtes », déclara un policier.[59]

Face à ces incidents, on ne peut s'empêcher de penser à l'état de nature hobbesien :

Là où n'existe aucune puissance commune, il n'y a pas de loi ; là où il n'y a pas de loi, rien n'est injuste. [...] C'est aussi une conséquence de ce même état [...] que ce qui peut appartenir à chacun, c'est ce qu'il peut obtenir et conserver aussi longtemps qu'il le pourra. [60]

À New York, on a effectivement vu des individus, mais aussi des groupes, se livrer des combats pour le butin. Tout un chacun essayait de contester à autrui le produit de son vol. Lorsque les bandes en maraude atteignirent le quartier de Little Italy, les hommes se joignirent à la mafia italienne locale, barricadèrent leur quartier et repoussèrent les bandes. Pareille autodéfense armée de la part de la mafia du quartier italien et des nombreux commerçants munis de battes de baseball et d'armes à feu est, selon Hobbes, tout à fait compréhensible et légitime lorsque la puissance étatique ne peut plus garantir la sécurité :

[...] si aucune puissance n'est établie ou si elle n'est pas assez grande pour assurer notre sécurité, chacun aura recours et pourra licitement recourir à ses propres forces et à son art afin de se protéger des autres. [61]

Il semble tomber sous le sens de penser tout d'abord à la « guerre de tous contre tous » et à la « nature de loup » de l'être humain qui se déploient lorsque la puissance censée garantir l'ordre fait défaut. Cependant, on pourrait rétorquer à Hobbes que, malgré des dizaines de milliers de pillards, la majorité des neuf millions de New-Yorkais est restée pacifique, et n'a donc pas fait preuve d'une « nature de loup ». Par ailleurs, les troubles n'ont pas éclaté partout à New York, mais dans le Bronx et les quartiers défavorisés.

Pourtant, Hobbes y verrait plutôt une confirmation de sa conception selon laquelle l'une des trois causes de conflit à l'état de nature est la « lutte pour les biens rares ». Il paraît logique que la lutte éclate d'abord là où la rareté des biens est la plus grande. De plus, Hobbes argumenterait certainement que les citoyens pacifiques et plus aisés auraient eu tôt fait de s'armer et de lutter pour leur sécurité si l'État n'avait pas repris le contrôle de la situation le lendemain matin.

## Le motif de « Sa Majesté des mouches » : en l'absence d'État, retombons-nous dans la barbarie ?

La mise en garde de Hobbes d'une rechute toujours possible dans l'état de nature trouve aussi son reflet dans la littérature. Trois-cents ans après la parution du *Léviathan*, William Golding, auteur britannique et prix Nobel de littérature, écrit *Sa Majesté des mouches*, un roman qui connaîtra un succès mondial. Un avion s'écrase sur une île déserte, avec à son bord des écoliers anglais. À mille lieues de toute civilisation, ils se retrouvent dans « l'état de nature ». Comme aucun adulte n'a survécu, ils décident, comme ils l'ont appris en bons Anglais civilisés, d'élire un chef pour mener le groupe et régler les litiges lors d'assemblées. Cependant, dans ce milieu hostile et solitaire, arrive ce que Hobbes a formulé avec tant d'insistance :

Justice et injustice [...] sont des qualités relatives à l'humain en société, non à l'humain solitaire. [62]

Sur leur île perdue, les écoliers perdent vite tout sens de la justice malgré leur bonne éducation. Ralph, le meneur élu, convient bien pour la tâche qui lui est dévolue et remplit son rôle de leader avec souplesse et habileté. Mais Jack, son adversaire qui se considère comme un leader né, ressent l'élection de Ralph comme un déni de sa propre personne et fomente sa vengeance.

Dans le cadre de la répartition convenue des tâches, Jack part chasser le sanglier avec ses équipiers et développe ainsi, en « chef des chasseurs », sa propre position de pouvoir tandis que les autres ne font « seulement » qu'entretenir le feu de détresse et construire des abris. Finalement, Jack se nomme lui-même meneur, ce qui engendre une lutte acharnée pour le pouvoir et l'honneur. Les enfants se couvrent le visage de peintures de guerre et deviennent de plus en plus sauvages, jusqu'à ce que la situation aboutisse à deux meurtres.

Prenant peur, de plus en plus d'écoliers rejoignent Jack, brutal et armé, jusqu'à ce que Ralph se retrouve seul et prenne conscience de la gravité de sa situation : « Il essayait de se persuader qu'ils le laisseraient partir, que peut-être ils le considéreraient même comme laissé-pour-compte. » [63] Mais une amère vérité s'impose à lui : « Ces sauvages peinturlurés ne reculeraient devant rien. »[64]

En effet, Jack et ses chasseurs le traquent et le repoussent jusqu'à la plage au terme d'une véritable chasse à l'homme. Ils l'auraient sans doute tué si un navire anglais n'avait accosté à ce moment. L'officier en uniforme remarque avec étonnement les peintures de guerre des enfants et adolescents. Il est mis au courant des meurtres et découvre avec stupeur ce que sont devenus les écoliers d'élite : « J'aurais plutôt pensé qu'une bande de garçons anglais – car vous êtes tous bien anglais, n'est-ce pas ? – serait en mesure de faire quelque chose de mieux que ça [...]. »[65]

La robinsonnade de Golding n'est certes qu'une histoire fictive, mais elle montre de manière épique et impressionnante que nous pouvons bien vite laisser la civilisation derrière nous. Karl Korn, critique littéraire du grand quotidien allemand FAZ, estime avec beaucoup d'à-propos : « La poésie et l'amère vérité sont rarement aussi unies que dans ce livre. »[68]

## L'expérience de Stanford sur la prison : comment gérons-nous le pouvoir quand tout est permis ?

Alors que la robinsonnade de Golding est une histoire fictive, l'expérience de Stanford de 1971 donne un aperçu réel du comportement de personnes qui ne sont plus temporairement soumises à un pouvoir contraignant et qui prennent des décisions dans un espace de non-droit. Le résultat de cette expérience a tout lieu de susciter aussi des inquiétudes.

À l'université de Stanford, les psychologues américains Philip Zimbardo, Craig Haney et Curtis Banks recrutèrent vingt-quatre étudiants issus des classes moyennes pour étudier le comportement humain en conditions carcérales. Pendant deux semaines, la moitié des étudiants devrait prendre le rôle de gardiens et furent donc équipés d'uniformes, de lunettes de soleil et de matraques, tandis que l'autre moitié jouerait le rôle de prisonniers. Ceux-ci furent épouillés et durent porter des chemises de nuit d'hôpital avec des numéros, des bas en nylon sur les cheveux et de lourdes chaînes aux pieds. Une cave réaménagée de l'université servit de prison.

Les gardiens avaient pour tâche d'empêcher les évasions et de maintenir l'ordre dans la prison. Pour cela, ils étaient libres de fixer des règles appropriées et de prendre toutes les mesures qui leur paraissaient nécessaires.

Alors qu'au début les participants à l'étude étaient réservés et peu sûrs d'eux en endossant leurs rôles respectifs de gardiens et de prisonniers, la situation se mit à dégénérer dès le deuxième jour. Les gardiens interdirent aux détenus récalcitrants d'utiliser les toilettes en leur laissaient juste un seau dans leur cellule. Ils les corrigeaient en les aspergeant de neige carbonique avec des extincteurs qu'ils avaient trouvés dans la cave de l'université. Il suffisait qu'un prisonnier sourie lors de l'appel pour que les gardiens lui crient dessus, lui demandent des explications et le punissent sévèrement. La réaction excessive des geôliers était due à des manques de respect réels ou supposés ou, comme dirait Hobbes, au désir de gloire, ou au « désir de prouver sa supériorité » :

La gloire [...] pousse les hommes à attaquer [...] pour des détails [...]. [67]

Et il suffit de peu :

[...] un mot, un sourire [...] et tout autre signe qui les sous-estime [...]. [68]

À partir du troisième jour, certains gardiens humilièrent les prisonniers en les privant de leurs vêtements et punissaient toute remarque critique. Suite au stress, un participant à bout de nerfs quitta l'expérience. Le directeur scientifique Zimbardo dut alors intervenir en sa qualité de « directeur de l'établissement pénitencier » pour empêcher que des sévices réels soient commis sur les prisonniers. Malgré cela, d'autres prisonniers subirent des chocs émotionnels tels qu'ils durent être écartés de l'expérience. Le sixième jour, les exactions et peines corporelles étaient telles que toute l'expérience dut être interrompue sur-le-champ. En particulier la nuit, lorsque les caméras ne pouvaient enregistrer, les gardiens brimaient les prisonniers de manière dégradante.

Il y eut bien certaines critiques émanant du milieu

scientifique sur le dispositif mis en place pour l'expérience de Stanford. Il fut invoqué que Zimbardo, le directeur de l'enquête psychologique, aurait dû rester neutre et ne pas s'ingérer comme directeur d'établissement. Ou que les étudiants auraient fait étalage moins de leur propre comportement que de rôles d'acteurs ayant joué dans des films sur le thème de la prison.

Pourtant, il faut bien reconnaître que les sévices qui ont mené à l'interruption prématurée de l'expérience sont à tout le moins un indice que les êtres humains ont du mal à gérer le pouvoir lorsqu'ils ne sont pas soumis, comme les gardiens dans l'expérience sur la prison, à des règles clairement définies :

> Car chacun cherche à s'assurer qu'il est évalué par son voisin au même prix qu'il s'évalue lui-même ; et à tout signe de mépris, [...] chacun s'efforce naturellement [...] d'obtenir par la force que ses contempteurs admettent qu'il a une plus grande valeur, et que les autres l'admettent par l'exemple. [69]

## Le Léviathan extérieur et intérieur chez Hobbes et Freud

La théorie de Hobbes est aussi largement cautionnée par la psychanalyse, notamment par son fondateur Sigmund Freud. Celui-ci confirme de manière impressionnante la conception hobbesienne de l'être humain en le citant même à la lettre : « La part de vérité [...] qu'on nie volontiers se résume ainsi : l'homme n'est point cet être débonnaire, au cœur assoiffé d'amour, dont on dit qu'il se défend quand on l'attaque, mais un être, au contraire, qui doit porter au compte de ses données instinctives une bonne somme d'agressivité. Pour lui, par conséquent, le prochain n'est pas seulement un auxiliaire et un objet sexuel possibles, mais aussi un objet de tentation. L'homme est, en effet, tenté de satisfaire son besoin d'agression aux dépens de son prochain, d'exploiter son travail sans dédommagements, de l'utiliser sexuellement sans son consentement, de s'approprier ses biens, de l'humilier, de lui infliger des souffrances, de le martyriser et de le tuer. Homo homini lupus : qui aurait le courage, en face de tous les enseignements de la vie et de l'histoire, de s'inscrire en faux contre cet adage ? [...] La civilisation doit tout mettre en œuvre pour limiter l'agressivité humaine [...] ». [70]

Ce passage montre bien que Freud partage la pensée centrale de Hobbes selon laquelle ce ne sont pas nos pulsions qui garantissent la coexistence, mais au contraire la civilisation qui doit tout mettre en œuvre pour limiter ces pulsions. À la théorie de Hobbes sur la société, Freud ajoute cependant un élément très important, à savoir ce qu'on peut appeler le « Léviathan » intérieur. En effet, le respect des préceptes de la civilisation est assuré, selon Freud, non seulement par le « Léviathan » extérieur, c'est-à-dire l'État avec ses lois et sa police, mais surtout par une sorte de « Léviathan » intérieur, sous la forme de notre conscience.

Et cette conscience, ou, comme Freud la nomme, ce « Sur-moi », nous contrôle tout aussi sévèrement, avec ses scrupules et ses impulsions d'autopunition, que l'État. Dans le surmoi résident selon Freud toutes les valeurs morales, règles, convictions et tabous que nous avons accumulés et appris depuis notre prime enfance. Le surmoi fonctionne pour ainsi dire comme un substitut du « Léviathan » extérieur. Nous intériorisons les contraintes extérieures et le surmoi accomplit la tâche du censeur. Si nous n'avions par exemple pas déjà mémorisé dans notre surmoi la phrase « Tu ne voleras point » ou la conviction qu'il faut « respecter la propriété », le nombre de vols à l'étalage serait considérablement plus élevé. Le « Léviathan » extérieur, avec ses vigiles de magasin et la police, ne pourrait jamais prévenir ou empêcher tous les délits si l'autorestriction intériorisée par le surmoi ne lui venait en aide.

Freud complète donc la construction de base hobbesienne de manière tout à fait décisive. Mais tout comme Hobbes, il considère que les interdictions de la civilisation sont en principe nécessaires. Concernant l'étendue de l'exercice du pouvoir du « Léviathan » intérieur et extérieur, Freud est toutefois nettement plus critique que Hobbes. Dans son célèbre ouvrage *Malaise dans la civilisation*, Freud écrit que les interdictions et tabous sont certes nécessaires, mais que la civilisation nous interdit souvent plus que ce qui serait effectivement nécessaire et sain. Freud souligne même un danger : que des gens soumis à trop de limitations imposées par la civilisation succombent à la névrose.

Face à l'État et aux tabous de la civilisation, Freud était donc plus sceptique que Hobbes. Il est toutefois intéressant de noter que ce psychanalyste chevronné, qui était quotidiennement en contact avec des patients et tirait directement son savoir de son expérience thérapeutique, parvient finalement à la même conclusion que Hobbes : ce ne sont pas les pulsions primaires qui assurent notre coexistence sociale, mais leur assujettissement par la civilisation. Ainsi en est-il chez Freud : « Cette tendance à l'agression, que nous pouvons déceler en nous-mêmes et dont nous supposons à bon droit l'existence chez autrui, constitue le facteur principal de perturbation dans nos rapports avec notre prochain ; c'est elle qui impose à la civilisation tant d'efforts. »[71]

## *Le Hobbes intemporel*

Hobbes est né en 1588, un peu plus de quatre-vingt-dix ans après la découverte de l'Amérique, et est donc encore un homme du début des temps modernes. Cependant, avec ses pensées révolutionnaires, il s'est érigé de manière radicale contre les conceptions en vigueur au Moyen-Âge. Il est le premier philosophe à avoir osé contredire la conviction religieuse de la nature originellement pacifique des premiers humains Adam et Eve, qui vivaient au paradis en toute innocence. Les humains, pour Hobbes, ne sont pas, comme il est dit dans la Bible, des êtres créés à l'image de Dieu qui ont juste perdu le paradis pour avoir cédé à une tentation et qui le retrouveront après la mort.

Nous-autres modernes devons, d'après Hobbes, regarder la réalité en face, à savoir : nous ne sommes pas portés par nature vers la bonté paradisiaque, l'amour du prochain et l'altruisme, mais plutôt vers la conservation de soi et la maximisation de notre bénéfice personnel. C'est seulement si nous nous avouons honnêtement cette vérité que nous pourrons en tirer les conclusions et les conséquences nécessaires pour notre coexistence.

À l'encontre de l'idée de la grâce de Dieu, selon laquelle règne un roi élu par Dieu, les humains sont chez Hobbes eux-mêmes investis de la mission d'organiser leur gouvernement. Et à la place de l'être par nature social chez Aristote, Hobbes pose pour la première fois le modèle de l'individu bourgeois radical dont il faut prendre en compte les intérêts.

Pour les contemporains de Hobbes, ces réflexions contestataires étaient bien trop radicales. Trois ans après sa mort, son œuvre fut déclarée blasphématoire et interdite pour hérésie. Lors d'une cérémonie solennelle, les professeurs et étudiants de l'université d'Oxford brûlèrent tous ses livres. En vain – le feu ne put avoir raison de la pensée centrale de Hobbes.

Au cours des siècles qui ont suivi, l'image de la nature de loup de l'être humain s'est profondément gravée dans la mémoire collective. Et ce n'est pas un hasard

## À quoi nous sert la découverte de Hobbes aujourd'hui ?

que nous citions Hobbes si souvent aujourd'hui.

Mais en quoi Hobbes peut-il nous être encore utile aujourd'hui ? Son pessimisme est-il approprié, ou bien est-il trop négatif et frustrant ? À la lecture de Hobbes, on ne peut s'empêcher d'être tiraillé. Tel était le cas de l'un de ses critiques les plus éminents : son contemporain français Jean-Jacques Rousseau était à la fois fasciné et repoussé par l'œuvre de Hobbes. Dans son ouvrage principal *Du contrat social*, il note, à propos de Hobbes : « Ce n'est pas tant ce qu'il y a d'horrible et de faux dans sa politique, que ce qu'il y a de juste et de vrai, qui l'a rendue odieuse. »[72]

Avec sa vision pessimiste de l'être humain, Hobbes continue de provoquer aujourd'hui. La question philosophique ancestrale de savoir si l'être humain est, comme l'affirment Aristote, Hegel ou Marx, par nature « bon » et constitue un être social ou un être générique, ou bien s'il est plutôt un individualiste guidé par son propre intérêt, comme le suggèrent Hobbes, Nietzsche et Adam Smith, ne peut pas être approfondie ici. Mais ce qui importe, c'est moins l'appréciation anthropologique de Hobbes que la conclusion qu'il en tire.

D'une part, il nous invite à la prudence parce que, sans ordre étatique, nous pouvons à tout moment retomber dans un état de barbarie. D'après Hobbes, seul le domaine des lois nous sépare fondamentalement de notre nature de loup. L'historien Hans Mommsen parle à ce propos de la « mince patine de la civilisation » [73] que nous pouvons à tout moment percer et perdre. Le terme « patine » vient du latin ou de l'italien et signifie « peau mince ». Les « purges ethniques » qui ont eu lieu au cœur de l'Europe lors de la dissolution de la Yougoslavie montrent à quel point la couche de la civilisation reste mince.

D'autre part – et cela est tout aussi intemporel – Hobbes nous invite à considérer l'État comme une construction artificielle que nous créons nous-mêmes pour notre sûreté. Cette pensée simple, qui était déjà révolutionnaire à l'époque, l'est toujours aujourd'hui. Avec sa triade argumentative d'état de nature, de contrat et d'État, Hobbes a fondé l'ensemble de la théorie politique et la conception moderne de la démocratie.

« L'État, c'est nous », tel est bien jusqu'à aujourd'hui la conception et le crédo démocratiques. Chez Hobbes, on en trouve l'illustration la plus manifeste sur le frontispice de son « Léviathan ». L'État n'est composé de rien d'autre que de nous, les multiples citoyens. Nous l'engendrons dès lors que nous abandonnons notre « droit naturel sur toutes choses » en faveur d'un souverain ou d'une assemblée, laquelle est alors la seule à tenir l'épée dans la main et assure l'ordre et la justice.

Chez Hobbes, ce souverain a encore des pouvoirs absolus, voire dictatoriaux, et devait seulement s'engager devant la population à maintenir la sécurité. Mais de sa pensée centrale que le souverain tire son pouvoir du contrat social du peuple, il n'y avait plus qu'un petit pas à franchir jusqu'à la revendication des révolutionnaires français : « Qui devrait gouverner le peuple, sinon le peuple lui-même ? ».

C'est pourquoi Rousseau a ajouté à la conception hobbesienne de l'État la revendication d'un « pouvoir du peuple » ; Montesquieu a, quant à lui, apporté la notion de la séparation des pouvoirs entre l'exécutif, le législatif et le judiciaire. Car selon Montesquieu, il est indispensable que le souverain, que ce soit un roi ou un gouvernement élu, soit limité dans son pouvoir. Le gouvernement peut et doit gouverner le peuple avec des ministres et des fonctionnaires, mais ne peut édicter des lois sans le parlement et doit en outre se soumettre au verdict de juges indépendants.

Hobbes reste néanmoins le pionnier de la théorie moderne de l'État. C'est lui en effet qui, le premier, a posé la thèse que la domination étatique n'est légitime que si elle émane de l'intérêt et de l'engagement personnel des citoyens. Car chacun est par nature son propre maître et doit donc décider soi-même de son destin. Ainsi était né l'individu libre des temps modernes.

# *Index des citations*

1 Citation, Thomas Hobbes, Léviathan. Traité de la matière, de la forme et du pouvoir de la république ecclésiastique et civile, trad. F. Tricaud, Paris, Sirey, 1971, chap. 13, p. 126, rem. 42.
2 Citation, Thomas Hobbes, Du citoyen, Présentation et traduction par Philippe Crignon, Éditions Flammarion, Paris, 2010, p. 75.
3 Citation, Thomas Hobbes, Léviathan ou Matière, forme et puissance de l'État chrétien et civil, Traduction, introduction, notes et notices par Gérard Mairet, Éditions Gallimard, Paris, 2000, chap. 46, p. 917.
4 Ibid.
5 Citation, Du citoyen, op. cit., Préface, p. 85
6 Citation, Léviathan, op. cit., chap. 6, p. 124.
7 Citation, Léviathan, op. cit., chap. 6, p. 125.
8 Citation, Thomas Hobbes, De Homine, 156.
9 Citation, Léviathan, op. cit., chap. 11, p. 187s.
10 Citation, Léviathan, op. cit., chap. 11, p. 188.
11 Citation, Du citoyen, op. cit., Préface, p. 87.
12 Citation, Du citoyen, op. cit., chap. 1, p. 104s.
13 Citation, Léviathan, op. cit., Introduction, p. 61s.
14 Souvent citée et généralement attribuée à Hobbes, la formule 'Homo homini lupus' remonte originellement à l'écrivain latin Plaute. Dans sa comédie « Asinaria », rédigée au deuxième siècle avant notre ère, on peut lire : « lupus est homo homini, non homo ». Hobbes la reprend à son compte sous une forme condensée. Elle serait certainement tombée dans l'oubli si le philosophe anglais ne l'avait remise au goût du jour dans son Léviathan.
15 Citation, Léviathan, op. cit., chap. 13, p. 222.
16 Citation, Léviathan, op. cit., chap. 13, p. 227.
17 Citation, Léviathan, op. cit., chap. 13, p. 225.
18 Citation, Léviathan, op. cit., chap. 13, p. 226.
19 Citation, Léviathan, op. cit., chap. 13, p. 222.
20 Ibid.
21 Citation, Thomas Hobbes, De la nature humaine, chap. 10, § 3.
22 Citation, Léviathan, op. cit., chap. 11, p. 187.
23 Citation, Léviathan, op. cit., chap. 13, p. 223.
24 Citation, Léviathan, op. cit., chap. 13, p. 224.

25 Citation, Léviathan, op. cit., chap. 13, p. 221.
26 Citation, Léviathan, op. cit., chap. 13, p. 221s.
27 Citation, Léviathan, op. cit., chap. 13, p. 222.
28 Citation, Léviathan, op. cit., chap. 13, p. 224.
29 Citation, Léviathan, op. cit., chap. 13, p. 222.
30 Citation, Léviathan, chap. 13, op. cit., p. 225.
31 Ibid.
32 Citation, Aristote, Politiques, trad. de Tricot, Vrin, 1997, p. 56.
33 Citation, Léviathan, op. cit., chap. 17, p. 286s.
34 Citation, Léviathan, op. cit., chap. 17, p. 286.
35 Citation, Léviathan, op. cit., chap. 17, p. 287.
36 Ibid.
37 Citation, Léviathan, op. cit., p. 61s.
38 Citation, Du citoyen, op. cit., chap. 1, p. 103.
39 Citation, Léviathan, op. cit., chap. 14, p. 232.
40 Ibid.
41 Citation, Léviathan, op. cit., chap. 15, p. 269.
42 Citation, Léviathan, op. cit., chap. 17, p. 282.
43 Ibid.
44 Citation, Léviathan, op. cit., chap. 17, p. 288.
45 Ibid.
46 Citation, Léviathan, op. cit., chap. 17, p. 281s.
47 Citation, Léviathan, op. cit., chap. 13, p. 228.
48 Citation, Léviathan, op. cit., chap. 17, p. 288.
49 Citation, Léviathan, op. cit., chap. 13, p. 227.
50 Citation, Léviathan, op. cit., frontispice du manuscrit de 1651. À la fin de la phrase figure en abrégé une source, le Livre de Job. « Non est potestas Super Terram quae Comparetur ei. Job.41.24. » Dans ce passage de la Bible cité par Hobbes, il s'agit du monstre Léviathan. Hobbes a choisi de nommer ainsi son État idéal parce que le Léviathan concentre en lui la plus grande puissance possible.
51 Citation, Léviathan, op. cit., chap. 21, p. 351.
52 Citation, Thomas Hobbes, Éléments du droit naturel et politique, trad. D. Thivet, Vrin, Paris, 2010, p. 162.
53 Citation, Léviathan, op. cit., chap. 26, p. 407.
54 Ibid.
55 Citation, Léviathan, op. cit., chap. 20, p. 334.
56 Citation, Léviathan, op. cit., chap. 13, p. 227.

57 Citation, Thomas Hobbes, Le corps politique ou les éléments de la loy morale et civile, A Leide, Chés Jean & Daniel Elsevier.
58 Citation, Léviathan, op. cit., p. 282.
59 Citation, Mark Pitzke, Le blackout de 1977, la nuit la plus noire de New York, article paru dans l'hebdomadaire Spiegel Online, 13/07/2007, p. 2.
60 Citation, Léviathan, op. cit., chap. 13, p. 227s.
61 Citation, Léviathan, op. cit., chap. 17, p. 282.
62 Citation, Léviathan, op. cit., chap. 13, p. 228.
63 Citation, William Golding, Sa Majesté des mouches, traduction par nos soins.
64 Ibid.
65 Ibid.
66 Ibid.
67 Citation, Léviathan, op. cit., chap. 13, p. 224.
68 Ibid.
69 Citation, Léviathan, op. cit., chap. 13, p. 223.
70 Citation, Sigmund Freud, Malaise dans la civilisation, édition électronique réalisée par G. Paquet, traduction par Ch. et J. Odier, 2016, p. 56.
71 Citation, Malaise dans la civilisation, op. cit., p. 56.
72 Citation, Jean-Jacques Rousseau, Du contrat social ou Principes du droit politique, édition électronique réalisée par J-M. Tremblay, 2016, p. 108.
73 Citation, Hans Mommsen, Die dünne Patina der Zivilisation, traduction par nos soins, in : Die Zeit, Hambourg, n° 36 du 30/08/1996, p. 14s.

# *Déjà paru dans la même série:*

Walther Ziegler
**Camus en 60 minutes**
1ère èdition janvier 2019
84 pages, Poche, € 9,99
ISBN 9782-3-2210-973-9

Walther Ziegler
**Freud en 60 minutes**
1ère èdition janvier 2019
88 pages, Poche, € 9,99
ISBN 9782-3-2210-969-2

Walther Ziegler
**Hegel en 60 minutes**
1ère èdition janvier 2019
124 pages, Poche, € 9,99
ISBN 9782-3-2210-965-4

Walther Ziegler
**Hobbes en 60 minutes**
1ère èdition janvier 2021
124 pages, Poche, € 9,99
ISBN 9782-3-2210-

Walther Ziegler
**Kant en 60 minutes**
1ère èdition janvier 2019
148 pages, Poche, € 9,99
ISBN 9782-3-2210-962-3

Walther Ziegler
**Marx en 60 minutes**
1ère èdition janvier 2019
104 pages, Poche, € 9,99
ISBN 9782-3-2210-967-8

Walther Ziegler
**Nietzsche en 60 minutes**
1ère èdition janvier 2019
152 pages, Poche, € 9,99
ISBN 9782-3-2209-114-0

Walther Ziegler
**Platon en 60 minutes**
1ère èdition janvier 2019
104 pages, Poche, € 9,99
ISBN 9782-3-2210-956-2

Walther Ziegler
**Rousseau en 60 minutes**
1ère èdition janvier 2019
104 pages, Poche, € 9,99
ISBN 9782-3-2210-960-9

Walther Ziegler
**Sartre en 60 minutes**
1ère èdition janvier 2019
118 pages, Poche, € 9,99
ISBN 9782-3-2210-971-5

Walther Ziegler
**Smith en 60 minutes**
1ère èdition janvier 2019
100 pages, Poche, € 9,99
ISBN 9782-3-2210-958-6

## À paraître dans la même série:

Walther Ziegler
**Adorno en 60 minutes**

Walther Ziegler
**Arendt en 60 minutes**

Walther Ziegler
**Habermas en 60 minutes**

Walther Ziegler
**Heidegger en 60 minutes**

Walther Ziegler
**Foucault en 60 minutes**

Walther Ziegler
**Popper en 60 minutes**

Walther Ziegler
**Rawls en 60 minutes**

Walther Ziegler
**Schopenhauer en 60 minutes**

Walther Ziegler
**Wittgenstein en 60 minutes**

## *Auteur:*

Walther Ziegler est professeur d'université et docteur en philosophie. En tant que correspondant à l'étranger, reporter et directeur de l'information de la chaîne de télévision allemande ProSieben, il a produit des films sur tous les continents. Ses reportages ont été récompensés par plusieurs prix. En 2007, il prit la direction de la « Medienakademie » à Munich, une Université des Sciences Appliquées et y forme depuis des cinéastes et des journalistes. Il est l'auteur de nombreux ouvrages philosophiques, qui ont été publiés en plusieurs langues dans le monde entier. Dans sa qualité de journaliste de longue date, il parvient à résumer la pensée complexe des grands philosophes de manière passionnante et accessible à tous.